AF357876

NOTICE

CONCERNANT LA VENTE AUX ENCHÈRES PUBLIQUES

D'UNE

Très importante Réunion

D'ESTAMPES, LITHOGRAPHIES, EAUX-FORTES

DESSINS, AQUARELLES, TABLEAUX

Œuvres de CHARLET, RAFFET, VERNET, etc.

Eaux-fortes DE GAILLARD, MERYON, ROPS, etc.

Dessins originaux de GÉRICAULT, RAFFET, VERNET, etc.

BIBLIOTHÈQUE DE L'ÉPOQUE ROMANTIQUE
(environ 1000 volumes reliés et brochés)

MOBILIER

BIJOUX, GARDEROBE, LINGE, ETC.

dont la vente aura lieu

HOTEL DROUOT, SALLE N° 5

Les Mercredi 6 et Jeudi 7 Janvier 1904

A DEUX HEURES DE RELEVÉE

Par le ministère de Me **A. LANTIEZ**, Commissaire-Priseur
7, rue de Provence. — Téléphone 243-60
assisté de **M. A. DU MAY**, Expert-Libraire
21, Rue Le Peletier

CHEZ LESQUELS SE DISTRIBUE LA NOTICE

EXPOSITION PUBLIQUE

le Mardi 5 Janvier de 2 à 6 heures

PARIS 1904

CONDITIONS DE LA VENTE

La vente sera faite au comptant.

Les acquéreurs payeront **dix pour cent** en sus des enchères

L'Exposition publique mettant les acheteurs à même de juger de l'état des objets, aucune réclamation ne sera admise aussitôt l'adjudication prononcée.

L'ordre de la notice sera suivi ou non, l'Expert se reservant le droit (*dans l'intérêt de la vente*) de réunir ou de diviser le groupement des pièces et ouvrages.

M. A. du May se charge aux conditions de 3 p. o/o sur la limite des commissions qui lui seront confiées.

ORDRE DES VACATIONS

Mercredi 6 janvier. — Porcelaines, faïences, linge, garde-robe, bijoux, *volumes*, meubles et objets mobiliers, etc.

Jeudi 7 janvier. — Estampes, eaux-fortes, dessins, tableaux. etc., etc.

— Paris. — Imprimerie C. Chaufour, 8-10, rue Milton

BIBLIOTHÈQUE

DÉTAIL SOMMAIRE [1]

1 — **Balzac** (H. de). — Œuvres, 1866. 20 vol.
in-8°. (Fig.). Cart. de l'édit.

2 — **Béranger**. — Chansons, 1834. 4 vol. in-8°.
(Fig.). d. rel.

3 — **Béranger**. — Œuvres, s. d. 5 vol. in-8°.
(Fig.). d. rel.

4 — **Bernardin de St-Pierre**. — Paul et Virginie
1838. 1 vol. in-8°. (Fig). d. rel.

5 — **Bibliothèque Elzévirienne**. — Œuvres de
divers auteurs. 110 vol. in-12. Cart. de l'édit.
(quelques vol. brochés).

---

(1) Tous les volumes reliés ou brochés sont en parfait état
de conservation.

6 — **Bibliothèque Gauloise.** — (Œuvres de divers auteurs. 25 vol. in-18 broch.

7 — **Bibliothèque des pièces rares.** — Réimpressions *Aubry*. 22 vol. pet. in-8°. Cart. de l'édit.

8 — **Editions originales** des éditeurs *Charpentier*, *Curmer*, *Debroise*, *Delahays*, *Lemerre*, *Pincebourde*, *Poulet - Malassis*, etc. Environ 150 vol. in-12 brochés et reliés (avec les couv.). (Œuvres de *Asselineau* (Ch.), *Baudelaire* (Ch.), *Babou*, *Balzac* (H. de), *Banville* (Th. de). *Béranger*, *Champfleury*, *Chenier* (And.), *Daudet* (Alp.), *Delvau* (A.), *Du Camp* (Max.), *Gautier* (Th.), *Gérard de Nerval*, *Goncourt* (Les), *Hugo* (V.), *Lamartine* (Alp. de), *Leconte de Lisle*, *Mérimée* (Prosp. de), *Musset* (Alf. de), *Sainte-Beuve*, *Vallès* (J. , etc.

9 — **Casanova.** — Mémoires, 1863 (Bruxelles). 6 vol. in-12 d. rel.

10 — *Chants et chansons populaires de France.—* Paris, s. d. 4 vol. (Fig). gd in-8° d. rel. (Edition gravée).

11 — **Chevigné.** — Les Contes Rémois, 1861. 1 vol. in-8°. (Fig.) d. rel.

12 — **Correspondance de Napoléon Ier.** — 28 vol. in-8°. broch.

13 — **Collection de l'artiste.** — Fragments.

14 — **Du Camp** (Maxime). — Paris, ses fonctions, ses organes, 6 vol. in-8° broch.

15 — **Duclos.** — Mémoires, 1864. 2 vol. in-8° d. rel.

16 — **Droz** (G.). — Romans divers. 15 vol. in-12 broch.

17 — **Flaubert** (G.). — Œuvres diverses. 10 vol. in-12 broch.

18 — **Fournier** (Ed). — Œuvres diverses. 25 vol. in-12 broch.

19 — **Hugo** (V). — Histoire de Napoléon Ier, 1839. 1 vol. in-8° d. rel. (Illust. de Charlet).

20 — **Lafontaine.** — Fables. (Illust. de G. Doré) 1868. 1 vol. in-f° cart. de l'édit.

21 — **Larousse.** — Grand dictionnaire. (Exemplaire en livraisons). Le tome 1er relié.

22 — **Martin** (H.). — Histoire de France. 17 vol. in-8° d. rel.

23 — **Michelet** (J.). — L'Insecte. L'Oiseau, 1867. 2 vol. in-8° broch.

24 — **Musset** (Alf. de). — Oeuvres complètes (Charpentier) 1866. 10 vol. gd in-8". (Fig. de Bida). d. rel. amat. (Exemplaire n° 604).

25 — **Nodier** (Ch.). — Contes, 1859. La Seine et ses bords, 1836. 2 vol. in-8° broch.

26 — **Raffet.** — Napoléon et la Garde Impériale, 1838. 1 vol. in-4° br. (Ill. en coul.).

27 — **Shakespeare.** — Oeuvres (trad. Hugo). 18 vol. in-8° broch

28 — **Taine.** — Les origines de la France Contemporaine. 4 vol. in-8° broch.

29 — *Tour du Monde.* — Collection brochée.

30 — *LIVRES EN LOTS.*

ESTAMPES

(Toutes les pièces sont en parfait état de conservation)

Raffet

Environ 600 pièces. — *Lithographies.*

1. — Portraits, pièces détachées, pièces faites dans
un but spécial, affiches pour la librairie, pièces
tirées de divers recueils, ouvrages restés ina-
chevés, report sur pierre, pièces détachées de
divers albums, histoire de Jean-Jean, Histoire
de Napoléon 1ᵉʳ, pièces parues par Suites,
albums divers de 1827 à 1837, retraite de Cons-
tantine, expédition et siège de Rome, voyage
en Russie (Demidoff), etc.

Plusieurs *pièces remarquables par leur rareté, leur
état et leur tirage, affiches pour l'histoire de
Napoléon (de chez Gihault frères), Bonaparte
(général), Napoléon, Le Rêve, La Revue noc-
turne, Le Réveil, Voitures Publiques, Water-
loo, etc., Dessins originaux.*

Charlet

2. — Environ 450 pièces. — *Lithographies.*

Portraits divers. — Portraits de Napoléon ᵉʳ. — Pièces imprimées chez Lasteyrie, Delpech, Motte, etc.

Costumes militaires parus par Suites et sortis de diverses imprimeries depuis 1817, jusqu'en 1846. Pièces détachées, terminées, avec ou sans texte et sortant de chez Villain et autres. Griffonnements, pièces non terminées, pièces faites en collaboration, pièces tirées de divers recueils, ou faites dans un but spécial, vignettes pour romances et chansons, fantaisies, croquis, recueil d'albums, etc.

Suites de dessins à la plume à l'usage des écoles spéciales (Polytechnique Ponts et chaussées, et autres), quelques pièces remarquables par leur rareté, leur état et leur tirage. *L'empereur et la garde impériale* (album in-f°).

DESSINS ORIGINAUX

Géricault

3. — Environ 100 pièces. — *Lithographies*, dessins, Lithographies, exécutées en Angleterre, copies et reproductions, pièces en collaboration, pièces de *Volmar*, retouchées au crayon et au grattoir par *Géricault*.

Nombreuses pièces remarquables par leur rareté leur état et leur tirage.

DESSINS ORIGINAUX

4. — Environ *1.000* pièces : *Eaux-Fortes* et *Lithographies* remarquables par leur rareté, leur état et leurs tirages.

Adam (V.). 20 P. — *Bellangé* (H.) 20 P. — *Bodmer*. 39 P. — *Bonnington*. 110 P. — *Calixte*. 10 P. — *Chauvel*. 2 P. — *Courtry*. — 5 P. *Daubigny*. 5 P.—*Decamps* 80 P.—*Delacroix*. 2 P.— *Delâtre*. 25 P. — *Delvan*. 15 P. — *Flameng*. 10 P. — *Gaillard*. 5 P. — *Gavarni*. 400 P. — *Isabey*. 10 P. — *Jacques* (*Charles*). 85 P. — *Jacquemart*. 13 P. — *Jonking*. 5 P. — *Lami*. 5 P. — *Legros*. 2 P. — *Lemud* 10 P. — *Meissonnier*. 2 P. — *Meryon* 16 P. — *Millet*. 30 P. — *Nanteuil* (*Célestin*). 3 P. — *Prud'hon*. 16 P. *Rops*. 10 P.— *Rousséau*, 5 P.— *Vernet* (H. et C. 50 P. *Whistler*. 3 P. — etc.

5. — Nombreux albums reliés renfermant des œuvres de *Delatre, Gavarni, Jacquemart, Rousseau, Vernet*, etc.

6. — Collection de Catalogues d'Exposition et de ventes illustrés d'eaux-fortes, *Beurnonville-Courbet, Delacroix, Fillon, D'Ideville, Laurent, Richard, Millet, San Donato, Sensier, Wilson*, etc.

7. — **Gravures en lots.**

MOBILIER

Salle à manger et chambre à coucher en acajou,
armoire à linge, lits en fer, à boules de
cuivre, bibliothèque à deux portes à filets de
cuivre, bibliothèque acajou, meubles à tous
usages, glaces, pendules, porcelaines, faïences,
verrerie, ustensiles, bijoux, montre en or,
avec boîte de chasse, garderobe, linge de corps
et de ménage, literie, tapis, rideaux, objets
divers.